I0026454

SOCIÉTÉ FRANÇAISE

DE

SECOURS AUX BLESSÉS MILITAIRES

DES ARMÉES DE TERRE ET DE MER

Séance générale du 28 Décembre 1872

RAPPORT

PRÉSENTÉ AU NOM DU CONSEIL CENTRAL

PAR

M. LE COMTE DE FLAVIGNY

Président de la Société

PARIS

IMPRIMERIE CENTRALE DES CHEMINS DE FER

A. CHAIX ET Cie

RUE BERGÈRE, 20, PRÈS DU BOULEVARD MONTMARTRE

1873

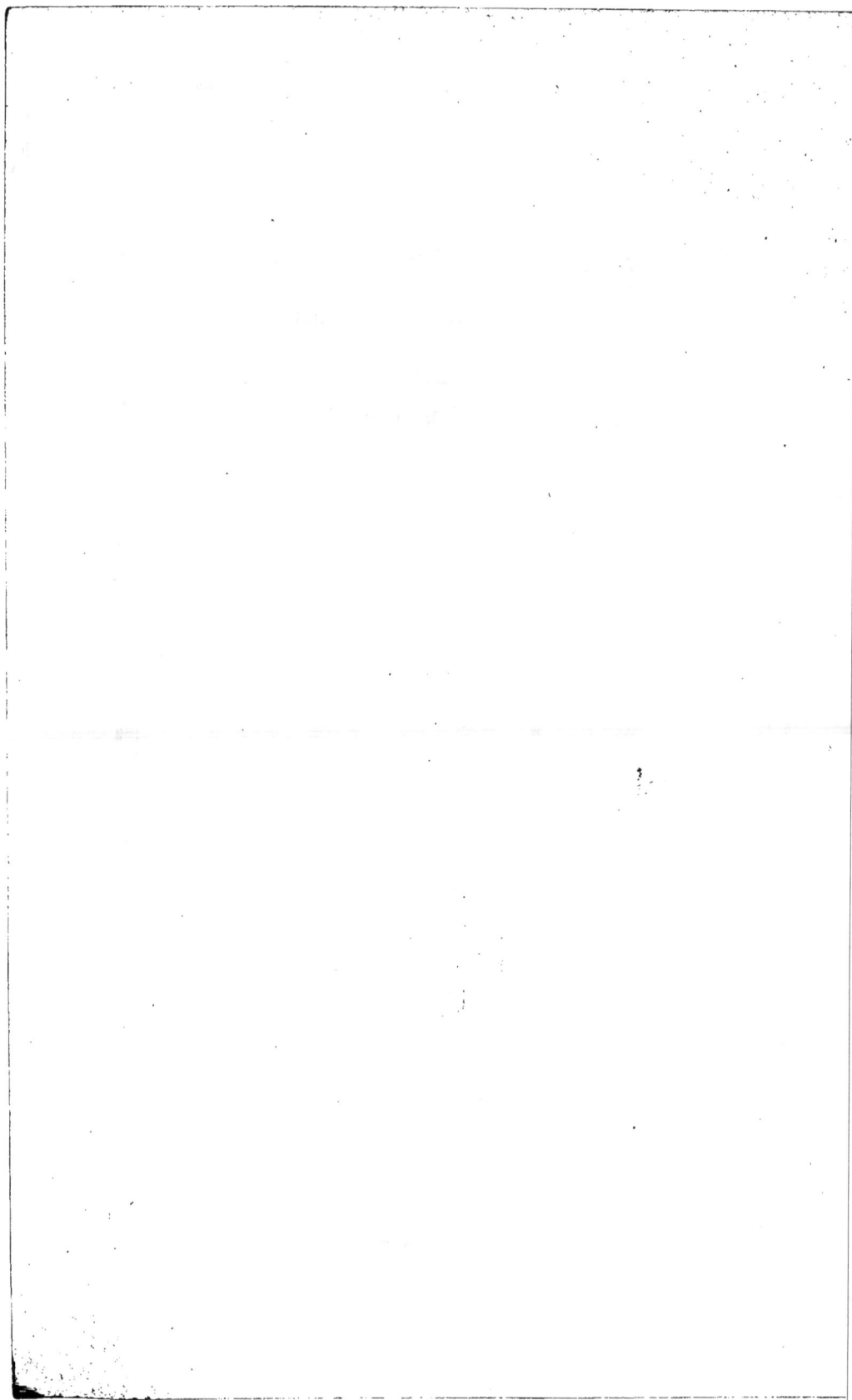

RAPPORT

SOUMIS

LE 28 DÉCEMBRE 1872 A L'ASSEMBLÉE DES FONDATEURS

DE LA

SOCIÉTÉ DE SECOURS AUX BLESSÉS MILITAIRES

PAR LE

Comte DE **FLAVIGNY**.

MESSIEURS,

Presque à pareil jour, l'année dernière, M. le vicomte de Melun, avec cette éloquence du cœur qui est l'heureux privilége des âmes d'élite, retraçait devant vous les services rendus, pendant une guerre néfaste, par la Société de secours aux blessés. Quelques mois plus tard, ces services étaient signalés, à la France et à l'Europe, dans une séance solennelle de l'Académie française.

Ce fut jadis un maréchal de Noailles, commandant l'armée française en Allemagne, dans l'année 1742, qui signa une des premières conventions ayant eu pour but le respect et la protection des blessés sur les champs de bataille.

De nos jours, c'était à son arrière petit-fils, le duc de Noailles, qu'était réservé l'honneur de continuer la noble tradition de son aïeul, en prêtant à la même sainte cause de l'humanité, qui nous réunit, l'appui et l'autorité de sa parole.

Les deux documents que je vous rappelle en ce moment, Messieurs, resteront dans nos archives comme la plus honorable et la plus fidèle histoire des efforts patriotiques de notre Société. La France attristée, mais reconnaissante, en conservera le souvenir (1).

Ma tâche, Messieurs, est aujourd'hui facile ; elle consiste à vous montrer que, durant la paix même, notre Œuvre n'a pas été sans quelque utilité pour le pays.

La guerre à peine terminée, notre Conseil s'est partagé en trois Commissions :

La Commission des Secours à distribuer ;

La Commission des Finances ;

La Commission des Études.

Résumer succinctement les travaux accomplis par chacune de ces Commissions, ce sera placer sous vos yeux le tableau complet des travaux dus à l'activité de la Société, pendant cette première année d'une période pacifique.

I.

Commission des Secours.

Si je vous parle, tout d'abord, Messieurs, de la Commission des secours, c'est afin de constater le rang qu'elle devait naturellement occuper dans nos Comités. Je rends ici hommage au dévouement dont elle a fait preuve dans l'accomplissement d'une mission souvent laborieuse.

Après deux luttes terribles, que de misères sans secours, que de blessés sans ressources, de mutilés sans appareils, de veuves et d'orphelins sans pain ! Que de mains suppliantes tendues vers les représentants de la charité !

(1) La Société de secours aux blessés n'a pas rencontré moins de sympathie à l'étranger. On en trouvera le témoignage dans une lettre remarquable que S. Exc. le prince Orloff, ambassadeur de Russie, adressait dernièrement à M. le comte de Flavigny et qui est annexée à ce rapport.

Votre Comité s'est fait un devoir d'aller au-devant de ces nombreuses infortunes.

Le Comité choisi par votre Conseil pour cette tâche, a étudié toute les demandes avec une vive sollicitude et un grand esprit de justice. Un jour, chaque semaine, est consacré à la répartition des secours, sans parler des cas d'urgence.

Nos allocations sont nécessairement assez faibles, mais nous nous efforçons de ne pas faire attendre ceux qui frappent à notre porte.

La catégorie la plus à plaindre parmi nos blessés, celle des amputés, nous a préoccupés d'une façon toute particulière. *Les amputés.*

Notre secrétaire général, le comte de Beaufort, l'habile inventeur de plusieurs appareils, aussi ingénieux que secourables, vous donnera tout à l'heure sur ce sujet des détails d'un grand intérêt. Je ne voudrais le devancer que sur un seul point, celui de la reconnaissance de nos braves soldats.

On a souvent accusé d'ingratitude les peuples et les Gouvernements eux-mêmes.

Ce reproche ne saurait atteindre nos pauvres blessés. Rien n'est touchant comme les sentiments qu'ils nous expriment, soit de vive voix, soit par leurs lettres. On se sent ému jusqu'aux larmes par les accents de leur gratitude, par les bénédictions que leurs cœurs appellent sur la Société qui les a secourus, et particulièrement sur l'inventeur des membres artificiels, M. le comte de Beaufort. C'est ce que sa parfaite modestie l'empêcherait de vous dire lui-même ; mais c'est un agréable devoir pour moi de vous le signaler.

Une somme de 10,000 francs a été attribuée aux orphelinats, dans lesquels Mgr l'archevêque de Paris a recueilli 400 orphelins de la guerre et du siége, sans distinction *Les orphelins.*

d'origine ; et un secours proportionnel a été distribué aux orphelinats protestants.

Les Alsaciens-Lorrains

Sur la demande de votre Commission, le Conseil a voté une autre subvention de 20,000 francs, pour les Alsaciens-Lorrains, émigrés en France et considérés, avec toute justice, comme de très-intéressantes victimes de la guerre.

Œuvre des tombes.

Après avoir soigné nos soldats sur les champs de bataille et dans les ambulances, notre Société leur avait donc assuré une distribution régulière d'argent et d'appareils ; elle leur avait fait porter des secours jusque dans les lazarets et les forteresses d'Allemagne ; elle avait assisté leurs enfants et leurs veuves ; mais elle ne pouvait oublier qu'un grand et saint devoir lui restait encore à remplir : celui de veiller sur la dépouille mortelle des braves tombés loin de la Patrie, sur la terre allemande.

Nous étions informés que des Français y reposaient par milliers, dans des cimetières sans clôture, sous des tombes sans inscriptions, épars souvent dans de grandes plaines, où pas un signe ne rappelait leur mémoire. Ici des travaux funéraires demeuraient inachevés, prêts à s'effondrer sous les gros temps d'hiver ; là, les corps avaient été confondus par des inhumations précipitées.

Le Conseil ne put supporter la pensée de laisser ainsi sans honneur ceux des nôtres qui pour la patrie commune avaient donné leur vie ; il sentit qu'il convenait de consacrer au moins leur souvenir par un signe chrétien, par une croix, par une pierre, et que l'Œuvre ne serait pas digne d'elle-même, si elle ne travaillait à défendre les ossements de nos soldats de la profanation. Disons le : notre armée avait donné, la première, l'exemple de ce culte des morts. En plusieurs villes, officiers et soldats, bien que soumis à de rudes privations, avaient su

retrancher encore de leurs ressources, déjà si misérables,
le prix d'un mausolée modeste, pour donner à leurs ca-
marades un témoignage suprême de respect et d'amitié.

Pour notre part aussi, et dans les mêmes pensées,
nous avions aidé à l'érection, en France, de plusieurs
monuments funéraires, à la célébration d'un grand nombre de services religieux. Par nos soins, les voûtes de
Notre-Dame, décorées avec l'art le mieux inspiré, et
animées par la voix éloquente et puissante du R. P. Félix,
avaient attesté notre reconnaissante sollicitude pour la
mémoire des braves soldats morts pour la défense du
pays.

Ce n'était pas encore assez : le Conseil nomma une
Commission chargée d'assurer à nos morts d'Allemagne
une sépulture décente et lui ouvrit pour ces travaux un
crédit de 50,000 francs.

Le Conseil porta son projet à la connaissance de M. le
Ministre de la Guerre. Celui-ci l'accueillit avec empres-
sement. Il offrit même de concourir, au besoin, à l'œuvre
des tombes, pour une somme égale de 50,000 francs,
dont la Société ferait l'avance.

La Commission commençait ses opérations, quand elle
apprit que, dans un but analogue au sien, il s'était organisé un double Comité : l'un à Cette, sous la présidence
de M. de Saint-Pierre ; l'autre, empreint d'un caractère
particulièrement religieux, fondé sous la présidence d'un
aumônier militaire, le R. P. Joseph.

Constitué sous le patronage du *Comité de secours spirituels
à l'armée*, que préside Mgr Ségur, et ralliant à lui le concours de la plupart des archevêques et des évêques de
France, le Comité du R. P. Joseph avait pour objet « de
» donner aux mânes de nos soldats, comme le dit son
» rapport, *une pierre* qui rappelle la France, *une prière* qui
» parle d'eux et pour eux auprès du trône de Dieu. »

D'autre part, le même Comité s'était adressé à Berlin,
et il avait obtenu du Ministre de la Guerre des rensei-

gnements précis sur la situation des cimetières allemands et sur l'état des tombes dans 120 villes. Enfin, deux hommes éminents, un capitaine de vaisseau, M. Bergasse du Petit-Thouars, et le R. P. Bigot, de la Congrégation du Saint-Esprit, servaient d'intermédiaires et de correspondants en Allemagne.

L'argent seul manquait à ce Comité du P. Joseph, si bien organisé, si bien armé de toutes les forces morales.

Notre Conseil crut alors que la Commission, déléguée par lui, ne pourrait mieux atteindre son but qu'en s'unissant au Comité du R. P. Joseph, et en mettant à sa disposition les ressources pécuniaires qui lui faisaient défaut. Avec notre subvention de 50,000 francs, avec le concours de la Guerre, nous apportions encore le bénéfice des négociations que nous avions heureusement conduites en Allemagne, par l'intermédiaire de l'ambassadeur de France, M. le vicomte de Gontaut-Biron.

Nous avons porté nos investigations, Messieurs, dans tous les dépôts allemands, où nos soldats et nos marins avaient succombé; nous leur avons érigé des mausolées dans les cimetières de 171 villes, et là même où ne reposait qu'un seul soldat français.

C'est ainsi que, grâce à tous ces efforts réunis, s'est achevée avec succès l'œuvre des tombes. Cette œuvre formera une page d'honneur dans les annales françaises; elle inspire à nos ennemis eux-mêmes un respect profond, que le Prévôt Général des armées allemandes exprimait dernièrement en ces lignes : « La France est toujours la même.... pour faire de telles choses, il faut croire à Dieu et à l'immortalité de l'âme. Le peuple qui garde ces convictions ne saurait périr. » — (Voir notre bulletin n° 15, dans lequel la Société de secours a fait publier le touchant rapport du R. P. Joseph.)

Bureau des renseignements. — Vous connaissez, Messieurs, l'existence du bureau des renseignements, établi par nous dès le commencement des hostilités. Quarante mille familles de soldats blessés ou disparus y ont trouvé des indications qu'elles avaient vainemment cherchées ailleurs, et qui étaient précieuses pour la conservation de leur état civil. C'est là que le ministère de la Guerre a puisé, la plupart du temps, des réponses aux questions qui lui étaient adressées de toutes parts; il en a maintes fois témoigné sa reconnaissance à notre Société.

Ne peut-on pas considérer que cette organisation était encore une sorte de secours à l'armée et aux familles de nos soldats? et pourrions-nous regretter la dépense, d'ailleurs peu considérable, qu'a occasionnée le bureau des renseignements?

La somme des secours que nous avons, en 1872, distribués aux blessés, approche de 200,000 francs. Les exigences de l'année prochaine seront moindres, car les pensions de retraite se liquident, et le Ministre de la Guerre annonce que les secours temporaires, bornés, quant à présent, à 80 centimes par jour, vont être augmentés. *Quotité des secours*

Par suite de ces deux considérations, le Conseil a décidé qu'un changement important serait apporté au mode actuel de la distribution des secours, lequel présente quelques inconvénients et est susceptible de certains abus.

Désormais, il ne sera plus porté au budget qu'une somme de 15,000 francs, destinée à des allocations accidentelles, et l'on consacrera 100,000 francs à la création de *mille* secours annuels de *cent* francs, accordés aux mille blessés reconnus les plus intéressants, après une enquête sérieuse. Ces secours réguliers et fixes ne constitueraient pas, néanmoins, un droit absolu et pourraient être modifiés suivant les circonstances.

L'État, vous le savez, Messieurs, attache une dotation de 100 francs à la médaille militaire; ici, le livre où ces sortes de pensions seront inscrites, avec affectation d'une rente de 100,000 francs sur l'État, ce livre, dis-je, deviendra le livre de la *dette du sang* versé pour la patrie. Il formera une institution véritable, permanente, digne de l'armée, digne aussi des bienfaiteurs de notre œuvre, dont elle consacrera le souvenir.

Les mille secours annuels, répartis entre Paris et les départements (Paris pour un cinquième), rétabliront l'égalité entre les parties de la France, qui, ayant concouru à la formation de notre capital, ont acquis, par là, le droit de participer aux bienfaits de son revenu.

Maintien des Comités départementaux.

Les Comités des départements, appelés à désigner les titulaires de nos donations, suivant des instructions déterminées, verront ainsi se resserrer leurs liens avec le Comité central, et ils y puiseront un aliment nouveau pour leur existence en temps de paix.

Nulle mesure, Messieurs, n'est plus importante, pour l'avenir de notre Œuvre, que le maintien en activité de ces Comités de province, qui nous ont apporté, pendant la guerre, un concours tel, que la charité de la France s'est véritablement élevée à la hauteur de ses désastres. Quelques-uns de ces Comités ont acquis une importance assez grande pour leur faire désirer de conserver leur autonomie ; mais ils comprendront, sans doute, aujourd'hui, tous les avantages d'une direction centrale.

Comité de secours dans les pays étrangers.

L'Allemagne, sous ce rapport, comme sous celui de l'organisation de son armée, nous offre d'utiles enseignements. Avant la guerre, déjà, elle était couverte de Comités pour les blessés, qui se groupaient par cercles, par provinces et par royaumes. Ces comités régionaux comptaient plus de 120,000 membres (non compris 60,000 dames), et ils se groupaient, en outre, autour de la Société centrale de secours de Berlin. Pendant la durée de la guerre, ils ont recueilli et mis à la disposition de l'armée allemande plus de *80 millions de francs*, moitié argent, moitié dons en nature. Tous les Comités sont rattachés à de hauts fonctionnaires, choisis par le gouvernement, et qui forment un lien étroit entre les commandants militaires et l'assistance volontaire. Il est facile d'apprécier les avantages énormes qu'apporte au service sanitaire une si puissante organisation. L'Allemagne avait été unifiée par les institutions charitables, longtemps avant de l'être par la politique et la guerre.

Au reste, dans quelque partie de l'Europe que nous jetions les yeux, nous voyons partout l'assistance volontaire agir sans relâche et devenir chaque jour plus forte. Après la Société de Berlin, après l'Ordre teutonique, c'est la Société anglaise, laquelle, inépuisable dans sa charité, infatigable dans son dévouement durant la guerre, se constitue d'une manière permanente en vue des besoins de l'avenir ; — c'est la Société d'Espagne, dont le zèle grandit encore dans l'ardeur de la guerre civile ; — c'est la Société russe, qui, sous le patronage de l'Impératrice, organise en ce moment des écoles d'infirmières ; — ce sont, enfin, toutes les grandes nations qui se montrent soucieuses de ne pas laisser languir l'Œuvre des blessés dans les loisirs de la paix.

Ces exemples, Messieurs, nous sont faciles à suivre : peut-être, à notre tour, pourrons-nous, aussi, servir un jour de modèle, si les Comités des départements veulent bien entrer dans nos vues et continuer à nous seconder.

Activité des Sociétés de Secours pendant la paix.

Par rapport à l'activité des Sociétés de secours pendant la paix, il y aurait certaines modifications à introduire dans nos Statuts. Des conférences à ce sujet entre les Présidents des comités régionaux et le Conseil central de la Société, à Paris, auraient évidemment un grand avantage réciproque : nous les provoquerons dès que le retour d'une saison meilleure le permettra.

II.

Commission des finances.

Messieurs, notre Commission des Finances aurait désiré vous présenter, aujourd'hui, l'apurement complet de tous les comptes du passé, recettes et dépenses; mais pour être sûre de vous soumettre des chiffres rigoureusements exacts et qu'on ne puisse plus modifier, elle est forcée d'ajourner cette présentation à une Assemblée prochaine.

Quiconque connaît les difficultés considérables qu'ont fait naître le double fonctionnement de la Société, à Paris et à Versailles, le nombre des comptes ouverts tant avec nos délégués, en France et à l'étranger, qu'avec de nombreux Comités sectionnaires, comprendra sans peine combien il a fallu de temps et de travail pour centraliser tous les éléments d'une si vaste comptabilité. Notre Commission, dont le zèle ne s'est jamais ralenti, touche au terme de ses laborieuses investigations : je tiens à ne pas empiéter sur son domaine, à ne pas annoncer, à l'avance, les résultats qu'elle doit vous soumettre. Une seule chose importe pour le moment, à votre Assemblée, c'est de connaître les ressources qui nous restent, et quelles sont les réserves à l'aide desquelles nous pouvons remplir les obligations du présent, assurer l'avenir de notre institution, préparer les perfectionnements désirables, être en mesure d'entrer rapidement en activité, au cas d'une guerre nouvelle, et enfin, remplir les devoirs d'une juste et réciproque confraternité, le jour où les nations étrangères qui nous sont venues en aide dans nos malheurs, feraient, à leur tour, appel à notre dévouement. Car, ne l'oublions pas, Messieurs, si, enfermées dans une neutralité prudente, ces nations sont restées simples spectatrices de la lutte où nous étions engagés, elles ne sont pas pour cela demeurées indifférentes, et leur générosité nous a permis d'adoucir bien des souffrances, de soulager bien des maux : la France saura prouver, à son heure, qu'elle a de la mémoire.

Le tableau de l'actif de la Société, dégagé de toute espèce de passif, est annexé à ce rapport : il présente une réserve d'environ *trois millions*, qui, conformément aux sages prescriptions de nos Statuts, ont été employés en rentes sur l'État et en bons du Trésor : le tout est déposé à la Banque de France.

Le revenu de ces capitaux (150,000 francs environ) servira, avant tout, à la continuation des secours distribués aux blessés nécessiteux; une partie seulement sera consacrée à l'amélioration de notre matériel, aux impressions utiles à l'œuvre, au loyer et autres frais obligatoires d'administration.

La loterie que nous avons été autorisés à ouvrir, par décision ministérielle du 6 septembre, en faveur des victimes de la guerre, a été peu favorisée par le cours des événements. Tant que le siége de Paris a duré, il était impossible de placer des billets; et, quand la guerre a cessé, l'intérêt pour les victimes s'est graduellement ralenti. Cependant, grâce au concours patriotique de nos consuls à l'Étranger, les résultats de cette opération ne seront pas sans importance : nous croyons pouvoir compter sur un capital net de 200,000 francs, au moins. Nous devons beaucoup de reconnaissance à tous les membres de la Commission spéciale de la loterie, et particulièrement à son président, le baron Taylor, au colonel comte de Clermont-Tonnerre, représentant du Ministre de la Guerre, ainsi qu'à M. Chabrié, commissaire général de la Marine, délégué par le Ministre de son département.

Nous proposerons à l'Assemblée de décerner le titre de vice-président honoraire à M. le baron Taylor, et celui de membre honoraire de notre Société aux deux représentants des Ministres de la Guerre et de la Marine : le

Actif de la Société.

La Loterie.

colonel comte de Clermont-Tonnerre et M. le commissaire général Chabrié.

Un nouveau règlement de comptabilité, préparé par le Comité des Finances et adopté par le Conseil, sera mis à exécution à partir du 1er janvier prochain.

III.

Commission des Études.

Dans l'ordre des services sanitaires, notre œuvre devait devenir une école d'études et de progrès.

Prévenir et adoucir les souffrances des blessés au milieu même des combats, diminuer la mortalité dans les hôpitaux et dans les ambulances : telle est, en effet, la pensée première de la Croix-Rouge ; tel est, par conséquent, le but à atteindre. — Nous y travaillons sans relâche, tant par le perfectionnement des moyens de transport, que par celui dont le mode d'hospitalisation est encore susceptible. Une partie de nos ressources est consacrée à ces études.

Cette préoccupation des progrès à poursuivre, par rapport à notre matériel, ne nous est pas nouvelle, Messieurs, et vous vous rappelez que, dès 1867, nous réunissions, dans les annexes de l'Exposition universelle, les modèles de tous les appareils inventés jusqu'alors par la science hospitalière. Nous invitions les représentants de toutes les Sociétés de secours d'Europe à des conférences dont le programme appelait déjà la réforme du matériel sanitaire des armées. Sur la proposition du comte Sérurier, vice-président, délégué de la Société près des Ministères de la Guerre et de la Marine, un Musée international fut fondé dans une salle de l'Hôtel des Invalides, que le Gouvernement français voulait bien concéder provisoirement à cet effet, et notre Société vota une somme de

10,000 francs pour notre part contributive à cette création internationale.

La dernière guerre n'a-t-elle pas trop prouvé l'utilité de ces études, la nécessité de les continuer?

La Commission spéciale, chargée de cette mission par notre Conseil, la remplit avec le zèle le plus louable : il n'est que juste de lui rendre ce témoignage.

Travaux de la Commission spéciale des études.

Elle a commencé par publier un album qui renferme le répertoire complet de tous les appareils que la science hospitalière et l'expérience ont déjà consacrés.

Ces dessins sont envoyés à toutes les Sociétés européennes de secours, aux Ministères étrangers, aux Écoles savantes, aux Cercles d'Officiers. C'est un moyen de stimuler partout le goût des études qui nous occupent.

Puis, afin de mettre à profit les observations faites pendant la dernière guerre sur les imperfections de l'ancien matériel, la Commission ouvre un concours spécial pour les voitures de transport, les wagons-cuisines, les brancards, les tentes, etc., etc.

Le programme de ce concours est affiché dans toutes les villes de France, communiqué à tous les Comités et à toutes personnes que des connaissances spéciales rendent compétentes en ces matières. La fermeture du concours est prorogée jusqu'au 1er février prochain ; une somme de 10,000 francs sera distribuée en prix.

La Commission ne pouvait méconnaître que les blessés des *guerres navales* ont droit aux secours de notre œuvre, aussi bien que les blessés des guerres continentales. Déjà, Messieurs, notre Société avait pris l'initiative d'inviter les autres Sociétés d'Europe à étendre, sur mer, le champ de leur action. C'est elle qui, la première, a posé les principes que notre Gouvernement a fait adopter depuis, dans les articles additionnels de la Convention de Genève. Nous avions même, au début de la guerre, frété un bâtiment hospitalier, en même temps

Matériel pour l'armée navale.

que de sauvetage, destiné à suivre notre escadre dans la Baltique. Ce matériel était prêt, lorsque le cours des événements arrêta les opérations maritimes projetées.

La Commission a décidé qu'elle préparerait pour un autre Concours le programme relatif à la construction de chaloupes à vapeur, de canots de transport et de tout le matériel nécessaire au service sanitaire d'une armée navale.

Évacuation des blessés.

Pour les *évacuations* par les voies ferrées, la Commission fait fabriquer, en ce moment, des wagons spéciaux où les blessés seront à l'abri de toute secousse. — Ces wagons seront accompagnés de cuisines roulantes, où l'on préparera, pour le temps du voyage, des boissons chaudes et des aliments de toute nature.

Le train sanitaire, ainsi constitué, pourra être utilisé, même en temps de paix, en se portant, au besoin, sur les chemins de fer, quand de graves accidents rendraient ses services précieux.

Les Expositions.

Dans le louable désir de vulgariser tout ce qui peut éclairer la science hospitalière, la Commission a demandé au Conseil que notre Œuvre ne restât pas étrangère aux Expositions présentes ou futures.

C'est ainsi qu'à l'*Exposition de Lyon*, notre matériel a figuré avec succès et obtenu un diplôme d'honneur.

L'*Exposition d'économie domestique*, ouverte à Paris l'été dernier, a également honoré nos travaux ; et nous nous préparons à soutenir encore notre rang à l'*Exposition universelle de Vienne*. — Nous attachons d'autant plus de prix à y paraître que, sous les auspices de l'Ordre Teutonique, dont un prince de la Famille impériale est grand-maître, on se dispose, en Autriche, à créer quarante ambulances volontaires, composées de deux cents voitures, pour les quarante divisions de l'armée. — Ici, le Ministère de la Guerre encourage nos études en invi-

tant les officiers à prendre part à nos différents concours.

Enfin, la Commission des Études a été saisie, en pre-
mier lieu, par M. le docteur Grange, puis par M. le docteur Dupont, et ensuite par deux de ses membres les
plus éminents, les docteurs Ricord et Demarquay, d'un
avant-projet d'un haut intérêt. Il s'agirait de la création
d'un hôpital, dans la banlieue de Paris, où la chirurgie
militaire, conservatrice et progressive, serait enseignée
et pratiquée. Un corps de brancardiers et d'infirmiers
trouveraient là des notions nécessaires à l'exercice de
leur profession, et l'art de donner les premiers soins
aux blessés sur les champs de bataille.

Une telle fondation donnerait, sans nul doute, une
nouvelle importance à l'existence et aux travaux de notre
Société, mais l'exécution de ce projet exigerait aussi des
dépenses considérables. Nous ne voulons, quant à présent, que le signaler à la controverse de tous les hommes
compétents. S'il est utile et réalisable, il fera son chemin
dans l'opinion publique, et notre Société pourra l'étudier
plus tard d'une manière approfondie.

Tel est, Messieurs, l'exposé des travaux de la Société
pendant l'année qui s'achève. Que devront être les travaux de l'année qui va commencer?

On ne peut malheureusement se le dissimuler : la vie
des nations se passe dans des alternatives de paix et de
guerre. Les progrès de la civilisation, qui devraient
éloigner les luttes entre nations, semblent ne servir qu'à
les rendre plus meurtrières encore que par le passé : les
découvertes de la science venant se mettre au service de
l'art militaire, et les chemins de fer permettant d'accu-
muler, en peu de jours, des masses énormes de troupes
sur un espace restreint.

Mais si, par une heureuse compensation, la Croix-

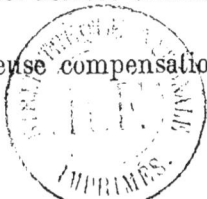

Rouge, devenue le signe de la charité fraternelle, s'est implantée au milieu des champs de bataille, protégeant, tout à la fois, et les blessés et ceux qui se dévouent à leur service;

Si, au milieu du grand deuil de la France, le camp de l'*assistance volontaire*, où les femmes rivalisaient de dévouement avec les hommes, pour disputer à la mort de trop nombreuses victimes, présentait un spectacle consolant qui forçait au respect les ennemis eux-mêmes et qui n'était pas sans grandeur;

Si la Société de la Croix-Rouge étant à juste titre considérée comme une des plus belles conquêtes de la civilisation moderne, nous avons le droit de nous féliciter de la part que nous avons prise dans cette grande œuvre d'humanité;

Ne l'abandonnez pas, Messieurs, aujourd'hui que tant de grandes choses restent encore à faire, et, de grâce, ne vous laissez pas décourager par les obstacles qui se présenteront infailliblement sous vos pas. Si vous en rencontrez plus encore peut-être dans les travaux de la paix que dans ceux de la guerre, il faut en chercher la cause dans notre caractère national.

En France, le danger exalte les esprits et les cœurs; il fait naître l'élan du dévouement comme l'élan du courage.

Mais, au lendemain de la lutte, tout est changé. Le plus beau zèle s'alanguit, on aspire au repos, les périls éloignés n'inquiètent pas, et il semble qu'il n'y ait plus rien à faire.

Avouons-le, Messieurs, l'esprit de suite manque à notre nation plus ardente qu'appliquée, plus intrépide que persévérante. De là, tant de travaux stériles, tant de belles œuvres inachevées que l'esprit de suite pouvait seul mener à bonne fin.

Pour nous, Messieurs, sachons combattre notre inconstance naturelle; ne laissons pas l'inertie, le découragement suspendre, un seul jour, nos efforts. — Gardons enfin l'espoir que, dans la loi qui s'élabore sur l'organisation de l'armée, nos législateurs se préoccuperont du parti qu'une sage réglementation peut tirer de l'initiative privée ; l'intérêt de l'armée leur en fait un devoir et celui de l'humanité le leur commande.

Vous avez été en France, Messieurs, — et c'est l'honneur de la Société, — vous avez été les promoteurs de cette confraternité humanitaire qui soulage les souffrances et apaise, par l'exercice de la charité, les plus légitimes ressentiments. Continuons donc, par un travail persévérant, une œuvre qui élève, fortifie et console ainsi les âmes. Tout en souhaitant à l'Europe un long avenir de paix, sachons, à l'instar d'autres nations (1), préparer patiemment nos cadres pour la guerre ; afin que le jour du danger ne nous prenne plus au dépourvu, et que, loin de là, une organisation meilleure nous aide à sauver, en plus grand nombre, ces nobles enfants de la patrie, qui donnent si bravement leur sang pour sa gloire et pour son honneur.

---

(1) Il nous paraît utile de citer ici le dernier passage du rapport allemand :

« Tout en désirant que Dieu éloigne le plus longtemps possible les calamités d'une nouvelle guerre, il ne faut pas oublier que l'œuvre volontaire doit être constamment prête pour l'action. »

Lettre de Son Excellence le prince Orloff, ambassadeur de Sa Majesté l'empereur de Russie à Paris, adressée à M. le comte de Flavigny, président de la Société française de secours aux blessés militaires.

Paris, le 8 décembre 1872.

Monsieur le Comte,

J'ai eu l'honneur de recevoir la lettre par laquelle vous avez bien voulu m'annoncer que le Conseil de la *Société de secours aux blessés militaires* m'a décerné la présidence d'honneur.

Je suis très-sensible au témoignage flatteur dont j'ai été l'objet et je m'empresse de vous en adresser mes remerciments, avec la prière de vouloir bien transmettre à Messieurs les membres du Conseil l'expression de ces sentiments. Je m'estimerai heureux d'appartenir à cette Société dont j'ai toujours admiré la noble activité.

Militaire moi-même et atteint par des blessures sur le champ de bataille, j'ai vu de près les vicissitudes et les misères auxquelles sont exposées les victimes de la guerre. Je sais donc par expérience apprécier tous les bienfaits de l'œuvre humanitaire inaugurée sous vos éminents auspices, et dans laquelle vous vous êtes acquis tant de titres à la reconnaissance universelle.

En associant tous mes efforts aux vôtres j'apporterai une constante sollicitude à concourir au triomphe des grandes idées philanthropiques qui tendent à diminuer les souffrances de la guerre.

Je saisis cette occasion, Monsieur le Comte, pour vous offrir l'assurance de ma considération la plus distinguée.

Signé : PRINCE ORLOFF.

SOCIÉTÉ FRANÇAISE DE SECOURS AUX BLESSÉS DES ARMÉES DE TERRE ET DE MER

ÉVALUATION DE L'ACTIF

AU 25 DÉCEMBRE 1872.

NATURE DES VALEURS	MONTANT	
	EN CAPITAL	EN INTÉRÊTS
Fonds immobilisés.		
Rentes sur l'État à 5 0/0..............	1.681.528 03	101.000 »
Id. à 3 0/0...................	3.927 40	165 »
Bons du Trésor à 5 0/0..............	(A) 818.740 »	40.937 »
Bons de l'Echiquier à 2 1/2 0/0..............	101.173 58	2.529 33
Dépôt à la Trésorerie d'Indre-et-Loire, 4 0/0....	25.000 »	1.000 »
Fonds en Caisse.		
Solde créditeur Rothschild, à Paris............	120.110 20	» »
Id. Banque de France............	5.800 »	» »
Solde en Caisse de la Société................	4.359 »	» »
Recouvrements éventuels (loterie, traites ajournées, etc.)..	(B) *Pour mémoire*	»
Divers.		
Immeubles de Billancourt....................	40.000 »	» »
Matériel roulant et mobilier................	80.000 »	» »
Totaux.......	2.880.638 30	145.631 33

(A) Ces bons ne produiront intérêts qu'à partir du 2 février 1873, pour une somme de 83,000 francs.

(B) Le montant de ces remboursements, dont on ne peut apprécier le chiffre, devra servir à liquider divers soldes et à faire face aux crédits restant encore à épuiser sur l'exercice 1872.

RAPPORT

DE

M. LE COMTE DE BEAUFORT.

RAPPORT

DE

M. le COMTE DE BEAUFORT.

———— ◦▸◦◂◦ ————

MESSIEURS,

Secourir les blessés sur le champ de bataille porte la tristesse dans le cœur, mais donne, par le sentiment du devoir accompli, le courage de supporter de douloureuses émotions, quand la patrie est en danger.

Lorsque le blessé est étendu sur son lit de douleur, lui prodiguer tout ce qui peut retenir la vie prête à s'échapper, c'est là une source de douces satisfactions que la Société de secours doit à la charité universelle; il est donc juste que les heureux distributeurs de ces largesses expriment à tous leur reconnaissance pour le bien dont ils ont été les humbles instruments.

La Société de secours a donné à Paris, pendant le siége, pour environ 400,000 francs de denrées alimentaires aux ambulances affiliées.

On ne peut se souvenir sans émotion de ces terribles moments, où le manque de nourriture était pour les personnes valides un danger, pour les malades un germe de mort.

Aussi, quel ineffable bonheur que celui de pouvoir rassurer, sur les conséquences de la disette du dehors, les personnes charitables qui venaient demander à la

Société de secours ce qui devait réparer les forces des malades auxquels, avec un dévouèment patriotique, elles sacrifiaient leur repos, leur santé! Avec quelle joie elles venaient puiser à cette source qui, pendant toute la durée du siége, n'a jamais tari! « Ah! s'écrie une dame infirmière, que n'ai-je su plus tôt que la Providence tenait ici en réserve, pour mes chers blessés, tout ce dont ils ont été privés si longtemps! »

Une de ses dignes compagnes dit en recevant un bon pour du combustible : « Mes pauvres malades ne vont plus souffrir d'une atmosphère de glace; ils ne boiront plus leur tisane froide. »

Et cette sœur de charité qui, en voyant l'abondance d'aliments dont la Société dote son ambulance, fond en larmes!

N'avais-je pas raison de dire que les heureux distributeurs des dons universels doivent proclamer leur reconnaissance pour avoir assisté à ces émouvantes scènes dont le souvenir ne s'effacera jamais du cœur?

Plus tard, lorsque le dévouement, la science, eurent arraché les victimes à la mort; lorsque la destinée se fut laissé fléchir, car il faut répéter ici l'admirable parole d'Ambroise Paré : « Je le soignai, Dieu le guérit », la Société de secours a pu, par des dons proportionnés à la gravité des blessures, aider ses chers protégés à attendre la liquidation de leur retraite; elle les a pourvus d'appareils appropriés à leurs mutilations.

Pour que cette assistance se fît attendre le moins possible, elle a eu recours aux systèmes les plus simples, condition qui, loin d'exclure l'efficacité des appareils, la développe; elle a voulu que le soldat blessé, redevenu homme des champs, pût faire réparer ses appareils sans avoir recours à l'art dont les grandes villes ont le monopole.

Le service de ces secours s'est fait si prestement, grâce à notre intelligent et dévoué fabricant, M. Werber, que nous avions rempli la plus grande partie de notre tâche, au moment où, ailleurs, ce genre de bienfaisance se mettait à l'œuvre.

La Société a donné aux soldats amputés 106 bras artificiels et 163 jambes de bois articulées, ensemble 269 appareils de prothèse. Dépense totale : 7,365 francs. Dépense moyenne : 27 fr. 38 centimes.

Elle a, de plus, fourni divers appareils d'une application spéciale pour la somme de 4,280 fr. 75 centimes, ce qui donne pour tous les appareils une dépense de 11,645 fr. 75 centimes.

On pourrait établir une statistique des secours accordés sous forme d'appareils, s'il y avait dans chaque délégation de la Société une personne qui tînt le Conseil toujours au courant de ce qui peut intéresser les soldats blessés de sa circonscription.

Il serait grandement à désirer que les Comités sectionnaires fussent plus étroitement en rapport avec le Conseil. Il en résulterait pour l'œuvre d'immenses avantages.

Une communication incessante aurait pour effet d'étendre l'action de la Société ; par conséquent, de la faire apprécier jusque dans les hameaux, et de la mettre à même de faire son livre d'or, je pourrais dire son livre de gloire.

Ceci n'est pas une vaine théorie : l'expérience le prouve.

Châteaudun a été cruellement éprouvé ; mais à côté de la souffrance s'est trouvé le dévouement qui s'est révélé, comme partout, pendant la grande lutte du faible contre le fort, et qui n'a pas cru que sa tâche fût remplie alors même que les blessures étaient cicatrisées. Ce dévouement a été personnifié par Mlle Polouet. Son rapport nous informe de tout ce que la charité a fait de merveilles pendant le drame de Châteaudun, et nous sommes heureux d'assigner à elle-même et à sa famille une large part dans cette œuvre de dévouement.

C'est encore elle qui prend en mains les intérêts des blessés de sa circonscription. Je me fais un devoir de signaler le chaleureux concours qu'elle trouve journellement chez M. de Chanaleilles, sous-préfet de Châteaudun, et de son secrétaire, M. Dorsemaine; de M. Alleaume, maréchal-des-logis, et des brigadiers de gendarmerie de l'arrondissement.

Pour faire apprécier les résultats obtenus par les dons d'appareils, je lirai les passages suivants des lettres de Mlle Polouet que Mme la comtesse de Flavigny, dans son ardente sollicitude pour les victimes de la guerre, a choisie pour correspondante; c'est un service de plus que la Présidente du Comité des Dames a rendu aux blessés et à la Société de secours.

Premier extrait de ces lettres.

« Si j'ai tardé à vous remercier pour Dubossage, c'est qu'il a désiré que je pusse vous dire qu'il est habitué à son appareil. Maintenant il peut remplir complétement ses fonctions de facteur de la poste. Avant l'application de son corset orthopédique, il disait : « Ma boîte aux lettres est trop lourde, elle m'entraîne vers la terre, je ne puis plus marcher; que deviendrai-je ! » Aujourd'hui son langage est tout autre : il vante l'habileté de M. Werber qui, dit-il, ne pourrait être le fabricant de la Société si, comme MM. les membres du Conseil, il n'était le dévouement même.

» Qu'on ne vienne pas nous dire, ajoute-t-il, que le soldat blessé n'est plus rien pour la patrie ; on mentirait grossièrement. »

Deuxième extrait.

« La jeune Pépin, fille d'un garde national blessé, atteinte elle-même par un éclat d'obus qui a nécessité l'amputation du bras droit au-dessus du coude, peut coudre : c'est dire ce qu'elle peut faire de plus facile. »

Troisième extrait.

« Mouche et Gentil se louent de leurs appareils. Paysan et Foussard se servent très-habilement de leurs bras artificiels.

» Que n'avez-vous vu Boissonnet faire agir le sien ? Il s'est écrié plusieurs fois : « Tout va bien, je n'irai pas mendier. »

Quatrième extrait.

« Lauffray, officier, dont le côté droit est paralysé, et dont le gauche a horriblement souffert d'un éclat d'obus, ne pouvait faire un pas sans l'aide de béquilles liées à ses membres inertes. Un appareil d'acier, au moyen duquel le mouvement des muscles se produit artificiellement, le met à même de marcher d'un pas assuré, même sans le secours d'une canne. La transformation est si complète que médecins et autres furent saisis d'étonnement quand il les assura de son identité. »

Abrégean[...]r ne pas fatiguer l'attention de l'auditoire, je te[...] par la citation suivante :

« Adonis a ab[...]nné ses béquilles pour ne plus se servir que d'un bât[...] le gronde de commettre une telle imprudence, puis on le félicite.

» Sa première course a été pour venir me faire part de son bonheur; et comme je lui faisais remarquer que l'église est sur le chemin de l'atelier, comprenant ma pensée, il dit : Oh oui ! il est juste que j'aille remercier Dieu et prier pour la *Société de Secours.* »

PARIS. — IMPRIMERIE CENTRALE DES CHEMINS DE FER. — A. CHAIX ET C°. — 3258-3.

www.ingramcontent.com/pod-product-compliance
Lightning Source LLC
Chambersburg PA
CBHW060754280326
41934CB00010B/2478

BIBLIOTHEQUE NATIONALE DE FRANCE

3 7531 04272415 4

www.ingramcontent.com/pod-product-compliance
Lightning Source LLC
Chambersburg PA
CBHW060754280326
41934CB00010B/2478